Ce livre
Appartient à

....

 # De Jeu Labyrinthe 

De Jeu Labyrinthe

De Jeu Labyrinthe

De Jeu Labyrinthe

De Jeu Labyrinthe

De Jeu Labyrinthe

De Jeu Labyrinthe

De Jeu Labyrinthe

De Jeu Labyrinthe

De Jeu Labyrinthe

 # De Jeu Labyrinthe 

De Jeu Labyrinthe

 # De Jeu Labyrinthe 

De Jeu Labyrinthe

De Jeu Labyrinthe

 # De Jeu Labyrinthe 

De Jeu Labyrinthe

De Jeu Labyrinthe

De Jeu Labyrinthe

 # De Jeu Labyrinthe 

 De Jeu Labyrinthe 

De Jeu Labyrinthe

De Jeu Labyrinthe

De Jeu Labyrinthe

 De Jeu Labyrinthe 

Que pensez-vous de notre produit ?

N'attendez pas et partagez votre opinion avec nous

www.ingramcontent.com/pod-product-compliance
Lightning Source LLC
Chambersburg PA
CBHW060617120726
48002CB00010B/3009